Martin Luther

Hvordan man skal

forholde sig

ved epidemier

Martin Luther

Hvordan man skal
forholde sig
ved epidemier

Oversat og tilrettelagt
Finn B. Andersen

FSC
www.fsc.org
MIX
Papir fra
ansvarlige kilder
Paper from
responsible sources
FSC® C105338

© 2020 Finn B. Andersen

Oversat og tilrettelagt: Finn B. Andersen

Forlag: Books on Demand GmbH, København, Danmark

Tryk: Books on Demand GmbH, Norderstedt, Tyskland

ISBN 978-87-430-1517-8

Indholdsfortegnelse

Hvordan man skal forholde sig ved epidemier

Indledning

Den 2. august 1527 ramte pesten Wittenberg. Af frygt for sikkerheden for Luther og de andre professorer ved universitetet beordrede kurfyrsten Luther at rejse til Jena. Fem dage senere flyttede universitetet til Jena.

Imidlertid blev Luther i byen sammen med Bugenhagen for at tjene de syge og bange mennesker. Den 19. august var der atten dødsfald.

I et åbent brev til Johann Hess, der var luthersk teolog og præst i Breslau i det nuværende Polen, svarer Luther på, hvordan man skal forholde sig ved sådanne epidemier.

Luther skriver da, at en kristen præst, som en god hyrde, er befalet af Kristus at forblive på trods af fare for død, fordi han er nødvendig for sin hjord til at trøste og styrke i dødens time. Tilsvarende er embedsmænd og alle, der er bundet af ansvar over for deres naboer, ikke fri til at flygte. Selv tjenere skal ikke flygte, medmindre de får tilladelse fra deres mestre, eller endda en nabo, medmindre der er nogen anden, der kan indtage ens plads i pleje af de syge.

Hvis man ikke er bundet af sådant ansvar til ens nabo, kan man flygte snarere end at friste Gud ved at udsætte sig selv for smitte. Luther foreslår etablering af offentlige hospitaler snarere end at bruge private hjem til dette formål. Han har et ord til dem, der er forskrækkede over at skulle pleje de syge, og forklare, at denne følelse er et djævelens våben, og at mange, der passer de syge med kærlighed og hengivenhed, er beskyttet mod pest. Men hvis de skulle bukke under, vil Gud selv være deres sygeplejerske og læge.

På den anden side advarer han mod overmodighed, der foragter almindelige forholdsregler mod smitsomhed, og således frister Gud, som har skabt medicin og givet os forstand til at pleje vores helbred. Desuden bringer denne hensynsløshed andre i fare, som man kommer i kontakt med. Brug medicin, tag hvad der hjælper dig, rens hus, gård og gader, undgå unødvendig kontakt med de syge og deres huse, formaner Luther.

Originaltitel:
Ob Man vor dem Sterben der Pestilentz, vnd wer, Fliehen muge, 1527 (WA 23, 339–379).

Hvordan man skal forholde sig ved epidemier, 1527

Til den værdige hr. Dr. Johann Hess, præst i Breslau, samt hans medtjenere i Kristi evangelium, fra Martin Luther.

Nåde og fred fra Gud, vor Fader og den Herre Jesus Kristus. Jeres spørgsmål, som I har sendt her til Wittenberg, nemlig om det sømmer sig for en kristen at flygte for døden? Har vi for længe siden modtaget. Og vi skulle bestemt også for længe siden have svaret på det. Men Gud, den almægtige, har i nogen tid holdt mig så hårdt i tugt og ave, at jeg ikke har haft stor tid til læsning og skrivning. Så har jeg også tænkt, at siden Gud, al barmhjertigheds fader, så rigeligt har begavet jer med al slags forstand og sandhed i Kristus, ville I ved hans Ånd og nåde vel selv, uden vor medhjælp, kunne dømme og afgøre sådanne og endnu større spørgsmål. Men I er ikke ophørt med jeres begæring og ydmyger jer så meget, at I også ønsker at kende vores mening om dette. Derfor giver vi jer hermed vor mening til kende, så vidt Gud giver os at forstå og erkende den, så at der kan findes ét sind og én lære hos os alle sammen (som Paulus alle steds lærer, 2 Kor 13, 11). Og vi vil, som det sømmer sig, med al ydmyghed have den underkastet jeres og alle fromme kristnes forstand til bedømmelse. Og siden rygtet om stor dødelighed høres både her hos os og ellers andetsteds, så har vi ladet den udgå i trykken, hvis også andre ønsker og vil bruge denne vor undervisning.

De stærke og de svage i troen

For det første påstår nogle fuldt og fast, at man hverken kan eller skal flygte for smitsomme sygdomme. Fordi *døden er en Guds straf, sendt os for vore synders skyld*, skal man holde sig stille for Gud og tålmodigt vente straffen i en ret, fast tro. De anser det næsten som uret og mistillid til Gud at flygte. Men andre holder for, at man godt kan flygte, især de, som ikke er hindret ved noget embede.

De første vover jeg for deres gode menings skyld ikke at dadle; for de roser en god sag, nemlig en stærk tro. Og de er at rose, fordi de gerne vil have alle kristne i en stærk, fast tro.

Der hører heller ikke en mælketro til at vente døden. *Den har også næsten alle hellige været bange for og er endnu bange.* Og hvem vil ikke rose dem, som for alvor er sådan sindet, at de ikke agter døden stort og giver sig villigt under Guds ris, for få vidt dette sker uden at friste Gud, som vi skal høre?

Men fordi det er sådan blandt de kristne, at der er *få stærke og mange svage*, så kan man sandelig heller ikke lægge lige byrde på alle. En stærkt troende kan drikke gift, og det skader ham intet (Mark 16, 18), men den svagttroende drikker sig døden til ved det. Peter kunne gå på vandet, da han var stærk i troen; men da han tvivlede, sank han og var ved at drukne. *Når en stærk vandrer sammen med en svag, må han sandelig vogte sig, at han ikke vandrer efter sin styrke; ellers vil han snart gå den svage til døde.* Og Kristus vil ikke forkaste de svage, som Paulus lærer (Rom 15, 1 og 1 Kor 8, 9).

To måder at forholde sig på

Og for at vi kan sige det kort og simpelt, så kan det at flygte for døden ske på to måder. For det først når det sker imod Guds ord og befaling, som når nogen for Guds ords skyld blev fanget og for da at undgå døden fornægtede eller tilbagekaldte Guds ord. I disse tilfælde har enhver offentlig befaling og bud af Kristus, at han ikke skal flygte, men hellere dø; som han siger i Matt 10, 33: "Den, der fornægter mig over for mennesker, vil jeg også fornægte over for min fader, som er i himlene." Og Matt 10, 28: "Frygt ikke dem, der slår legemet ihjel, men ikke kan slå sjælen ihjel, men frygt derimod ham, der kan lade både sjæl og legeme gå fortabt i Helvede."

Ligeledes er de, som er i det gejstlige embede, præster og sjælesørgere, skyldige at stå bi og forblive ved sygdom, ulykker og død; for der står en klar befaling af Kristus i Joh 10, 11-12: "Den gode hyrde sætter sit liv til for fårene. Men den, der er daglejer og ikke er hyrde og ikke selv ejer fårene, ser ulven komme og lader fårene i stikken og flygter." *For i sygdom trænger man allermest til det gejstlige embede,* som da med ord og nadver skal styrke og trøste samvittigheden til ved troen at overvinde døden. Dog, hvor der er så mange præster for hånden, og de blev indbyrdes enige om at formane nogle til at drage bort, hellere end uden nødvendighed at forblive i en sådan fare, tror jeg, det ikke ville være synd, fordi embedet ellers var tilstrækkelig besørget, og de, såfremt det var nødvendigt, var villige og beredt til at være der. Sådan læser man også om Athanasius, at han flygtede fra sin kirke, for at hans liv kunne reddes, fordi der ellers var mange, som passede embedet. Ligeledes firede brødrene i Damaskus Paulus ned over muren i en kurv, så at han undslap (ApG 9, 25). Og han lod sig afholde af disciplene fra at begive sig i fare ved teatret i Efesos, fordi det ikke var nødvendigt (ApG 19, 30).

Ligeledes er også alle de, som er i det verdslige embede, som borgermester og dommer og lignende, skyldige at blive. For her er atter Guds ord, som indsætter den verdslige øvrighed og befaler den at regere, beskytte og forsvare land og folk, som Paulus siger i Rom 13, 4: "Myndighederne er Guds tjenere til dit eget bedste." Det er en såre stor synd at lade en hel menighed, som man er sat til at have opsyn med, sidde uden hoved og styre, i al slags fare for ild, mord, oprør og alle slags ulykker, som Djævelen vil anrette, når der ingen orden er. Og Paulus siger: "Den, som ikke sørger for sine egne, har fornægtet troen og er værre end en vantro." (1 Tim 5, 8). Men flygter de for deres store skrøbeligheds skyld, så bør

de se til at stille forvaltere i deres sted, så menighe-
den kan være godt beskyttet, som ovenfor sagt, og
de bør omhyggeligt undersøge og se til, at det går
sådan til.

Hvad der nu er sagt om disse to embeder, skal
også være forstået om alle andre personer, som er
forbundet med hinanden ved tjeneste og pligt. Sådan
skal en tjener ikke flygte fra sin herre, heller ikke en
tjenestepige fra sin husmor, uden det sker med her-
rens eller husmorens vidende og lov. Ligeledes skal
en herre ikke forlade sin tjener eller husmoren sin
tjenestepige, uden at man ellers og andetsteds kunne
sørge tilstrækkeligt for dem. For i alle disse stykker
er der Guds ord, at tjenere og tjenestepiger skal være
lydige; og omvendt er husfædre og husmødre for-
pligtet til at sørge for sine folk. Sådan er også fader
og moder imod børnene, og omvendt børnene mod
fader og moder forbundet ved Guds bud til at tjene
og hjælpe osv. Ligeledes offentlige personer, som er
ansat for betaling og løn, som en bylæge, en slots-
tjener, en soldat, og hvad de nu alle kaldes. Disse må
ikke flygte, uden at de sætter andre dygtige og

pålidelige personer i deres sted, som skal godkendes af den overordnede.

Dernæst, hvor ingen andre forældre er, der er også formyndere og nærmest beslægtede skyldige at blive hos sine eller omhyggeligt sørge for, at der er andre i deres sted, som sørger for deres syge venner. *Ja, ingen nabo kan flygte fra den anden, hvor der ellers ingen er, som i hans sted kan pleje og opvarte den syge.* For i disse tilfælde har man visselig at erindre disse Kristi ord: "Jeg var syg og I så ikke til mig, osv." (Matt 25, 42-45). Ifølge dette skriftsted er vi alle forbundet med hinanden, så at ingen skal forlade den anden i nød, men er skyldig at stå ham bi og hjælpe ham, ligesom man selv ville have hjælp.

Men hvor der ikke er sådan nød, og der ellers er nok for hånden, som plejer og sørger for de syge, det være sig af egen pligt eller fri vilje eller ved, at de svagttroende få dem til det, så at man ikke behøver dem, og især, når de syge ikke ønsker, men afslår det, *da holder jeg for, at det står en frit for enten at flygte eller forblive.* Den, der er så frimodig og stærk i troen, kan blive i Guds navn. Han synder visselig ikke ved det. Men er nogen svag og bange, skal han flygte i Guds navn, fordi han gør dette uden forsømmelse af sin pligt imod næsten, men har givet tilstrækkelig erstatning ved andre, som er beskikket til det. *For at flygte for sydom og død og redde livet er naturligt og af Gud indplantet i os og ikke forbudt, når det ikke sker til skade for Gud og næsten.* Som Paulus siger i Ef 5, 29: "Ingen hader jo sin egen krop, men nærer og plejer den." Ja, det er befalet, at enhver skal tage vare på sit legeme og liv og ikke fordærve det. Som Paulus siger i 1 Kor 12, så har Gud sat lemmerne sådan på legemet, at det ene altid sørger og arbejder for det andet.

Er det ikke forbudt, men meget mere befalet, at vi i vort ansigts sved skal søge vor daglige næring, klæder og al anden nødtørft og undgå skade eller nød, hvor vi kan, hvis dette kan ske uden skade eller forsømmelse af kærlighed og pligt mod vor næste, hvor meget mere passende er det da ikke, at man søger at opholde livet og flygte for døden, hvor vi kan gøre det uden næstens skade, fordi legeme og liv er mere end mad og klæder, som Kristus siger i Matt 6, 25.

Men er nogen så stærk i troen, at han villigt kan lide nøgenhed, sult og nød uden at friste Gud og ikke vil arbejde sig ud af det, selv om han kunne, han kan også gå sin vej og skal ikke fordømme dem, som ikke gør dette eller ikke kan gøre det.

Gode grunde til at redde sig selv

Men at det i sig selv ikke er uret at flygte for døden, bevises tilstrækkeligt ved eksempler fra Skriften. Abraham var en stor helgen, alligevel frygtede han for døden og flygtede for den under det foregivende, at Sara, hans hustru, var hans søster (1 Mos 12). Men fordi han gjorde dette uden sin næstes skade eller forsømmelse, blev det ikke regnet ham for synd. Det samme gjorde også hans søn, Isak, (1 Mos 26). Ligeledes Jakob, da han flygtede for sin broder Esau, for at denne ikke skulle dræbe ham (1 Mos 28). Ligeledes flygtede David for Saul og Absalon (2 Sam 15). Og profeten Urias flygtede til Egypten for kong Jojakim (Jer 26). Også Elias var en tapper profet, og han havde dræbt Ba'als profeter ved sin store tro. Dog da dronning Isabel truede ham, blev han bange og flygtede ud i ørkenen (1 Kong 19). Og før ham

Moses. Da kongen af Egypten søgte efter ham, flygtede han til Midjans land (2 Mos 2). Og sådan videre mange andre. Alle disse er flygtet for døden og har reddet livet, hvor de har kunnet, dog for så vidt de dermed ikke har skadet deres næste, men først udrettet, hvad de var skyldige.

Ja, siger du, disse eksempler taler ikke om sygdom eller epidemier, men om død, som kommer af forfølgelse. Svar: Død er død, lige meget hvor den kommer fra. Gud anfører også sine fire plager i Skriften, nemlig epidemier, hungersnød, sværd og vilde dyr. Kan man nu med Gud og en god samvittighed flygte fra en eller nogle af dem, hvorfor da ikke fra alle fire? De anførte eksempler viser os, hvordan de kære fædre er flygtet for sværdet. Desuden er det jo åbenlyst nok, at Abraham, Isak og Jakob flygtede for de andre plager, hungersnød eller inflation, da de for inflationens skyld drog til Egypten, som vi læser i Førte Mosebog. Hvorfor skulle man altså ikke kunne flygte for de vilde dyr? Så hører jeg vel også, at når krig eller tyrken kom, så skulle ingen flygte ud af landsbyen eller byen, men der vente Guds straf ved sværdet. Det er vel sandt, den, som er så stærk i troen, kan vente, men han skal heller ikke fordømme dem, som flygter.

Sådan også, når et hus brændte, måtte ingen løbe ud eller løbe til for at redde; for ild er også en Guds straffedom. Og den, som faldt i et dybt vand, måtte ikke svømme, men overgive sig til vandet som til en guddommelig straf? Velan, kan du gøre det, så gør det, uden at friste Gud; men lad andre gøre, hvad de formår. Ligeledes når en brækkede et ben eller blev såret eller bidt, måtte han *ikke lade sig helbrede*, men skulle sige: Det er Guds straf. Den vil jeg tåle, indtil det bliver godt igen.

Frost om vinteren er også en Guds straf, som man kan dø af, hvorfor søger du så ind i varmen eller ind i stuen? Vær stærk og bliv ude i frosten, indtil det bliver varmt igen. *På den måde måtte man ikke have noget apotek eller lægemiddel eller læge; for al sygdom er en straf fra Gud.* Sult og tørst er også en stor straf og pine. Hvorfor spiser og drikker du da og lader dig ikke hellere straffe dermed, indtil det ophører af sig selv? Til sidst ville sådanne talemåder jo bringe os derhen, at vi afskaffede Fadervor og ikke mere bad: "Fri os fra det onde, amen." For *alt ondt er jo en Guds straf,* og vi måtte da til sidst heller ikke bede imod Helvede eller flygte fra det; for det er også en Guds straf. Hvad ville følgen heraf blive?

Af alt dette tager vi denne lærdom: *Vi skal bede imod alle onder og tillige beskytte os imod dem, så godt vi kan, når vi ikke gør dette imod Guds vilje, som før sagt.* Vil Gud have og dræbe os deri, så vil vor forsigtighed intet hjælpe. Derfor skal enhver i sit hjerte tænke sådan: Er han bundet, så at han må blive i faren for at tjene sin næste, så skal han befale sig til Gud og sige: Herre, jeg er i din hånd, du har bundet mig her; din vilje ske. Jeg er din arme skabning. Du kan dræbe og opholde mig heri ligeså godt, som hvis jeg var bundet til ilden, vandet, hungersnød eller anden fare.

Men er han fri og kan flygte, så skal han befale sig på ny til Gud og sige: Herre Gud, jeg er svag og bange; derfor flygter jeg for det onde og gør så meget, jeg kan, for at beskytte mig. Men jeg er alligevel i din hånd, så vel i dette som i alt andet ondt, som kan møde mig. Din vilje ske. For min flugt kan ikke gøre det, fordi der overalt er idel ondt og ulykker. For Djævelen hviler og sover ikke, han, som er en

morder fra begyndelsen og alle vegne søger at an-
rette mord og ulykke.

Hensynet til ens næste

På denne måde må vi og er vi skyldige at handle
mod vor næste også i al anden nød og fare. Brænder
hans hus, så befaler kærligheden mig at løbe til og
hjælpe med at slukke. Er der ellers folk nok, som
kan slukke, så kan jeg gå hjem eller forblive der.
Falder han i vandet eller i grøften, så må jeg ikke
stikke af, men løbe til og hjælpe ham, så godt jeg
kan. Er der andre, som kan gøre det, så er jeg fri. Ser
jeg, at han sulter eller tørster, må jeg ikke forlade
ham, men give ham mad og drikke og ikke se på, om
jeg bliver fattigere og ringere derved. For den, som
ikke vil hjælpe og stå den anden bi, med mindre han
kan gøre det uden skade og fare for sit gods og le-
geme, vil aldrig hjælpe sin næste. Han vil altid anse
det som en mangel, fare, skade eller forringelse for
sig selv.

En nabo kan ikke bo ved siden af en anden uden
fare for legeme, gods, hustru og børn. Han må sam-
men med ham udsætte sig for, at en ildebrand eller

anden ulykke kan komme fra naboens hus og for-
dærve ham med legeme, gods, ægtefælle og børn og
alt, hvad han har.

For hvis den ene ikke gjorde dette mod den an-
den, men lod sin næste ligge i nød og stak af, så var
han for Gud en morder, som Johannes siger i sit før-
ste brev (3, 15): "Enhver, som hader sin broder, er
en morder." Og atter (v. 17): "Den, der har jordisk
gods og ser sin broder lide nød, men lukker sit hjerte
for ham – hvorledes kan Guds kærlighed blive i
ham?" For det var også en af de synder, som Gud
tilregnede Sodoma, når han siger ved profeten Eze-
kiel (16, 49): "Dette var din søster Sodomas synd:
Hun og hendes døtre levede i storhed, overflod og
sorgløs tryghed, men rakte ikke de hjælpeløse og
fattige hånden." Sådan vil også Kristus på den yder-
ste dag fordømme dem som mordere og sige (Matt
25, 43): "Jeg var syg, og I besøgte mig ikke". Men
når de, som ikke går til de fattige og nødlidende og
tilbyder dem hjælp, skulle blive sådan dømt, hvor-
dan vil det da gå dem, som løber fra dem og lader
dem ligge som hunde og svin? Ja, hvordan vil det gå
dem, som endog fratager de fattige, hvad de har, og

lægger alle slags plager på dem, ligesom nu tyrannerne gør med de stakkels folk, som antager evangeliet? Men lad gå, de har fået deres dom.

Ganske vist er der til dels et sådant fint styre i byer og landområder, at man har offentlige stiftelser og hospitaler, hvor man sender alle syge hen og sørger for folk, som plejer dem. Det er da også det, vore forfædre har haft til hensigt og ønsket med alle stiftelser, hospitaler og sygehuse, for at ikke enhver borger skulle have et hospital i sit eget hus. Dette er fint, rosværdigt og kristeligt, og hertil skulle enhver rigeligt hjælpe og give, især øvrigheden. Men da dette kun findes på få steder, *så må den ene sandelig være den andens hospitalsmester og plejer i al nød,* hvis vi ikke vil tabe saligheden og Guds nåde. For her står Guds Ord og Ånd: "Elsk din næste som dig selv," Og Matt 7, 12: "Alt, hvad I vil, at mennesker skal gøre mod jer, det skal I også gøre mod dem."

Den åndelige hjælp i nøden

Hvor nu døden tager sit indtog, skal vi forblive, ruste og styrke os, især hvis vi, som ovenfor sagt, er sådan forbundet med hinanden, at vi ikke kan forlade hinanden. *Det første våben* er det, at vi er klar over at det er en Guds straf, som er sendt os, ikke blot for at *straffe synden*, men også for at *prøve vor tro og kærlighed.* Troen, så vi kan se og erfare, hvordan vi vil stille os imod Gud, og kærligheden, så man kan se, hvordan vi vil stille os imod næsten. For skønt jeg holder for, at *alle epidemier ligesom også al anden plage bliver bragt ind blandt menne-sker af de onde ånder*, idet de forgifter luften eller på anden måde pådrager os en ond smitte og dermed fører dødelig gift ind i kroppen, så er det dog allige-vel *Guds styrelse og straf*, som vi med tålmodighed skal underkaste os. Og vi skal sætte vort liv i fare for at tjene næsten, som Johannes siger: "Når Kristus satte sit liv til for os; så skylder også vi at sætte livet til for brødrene." (1 Joh 3, 16).

Men hvis nogen er bange og har afsky for den syge, så skal han tage mod til sig og trøste og styrke sig og ikke tvivle på, at det jo er Djævelen, som op-vækker denne afsky, frygt og gru i hans hjerte. For han er en sådan bitter, ond djævel, at han ikke blot uden ophør søger at myrde og dræbe, men også har sin fornøjelse i at gøre os bange, forskrækkede og forsagte i døden, for at døden kan blive os såre bitter. Eller for at vi, mens vi er i live, ikke skal have nogen ro og fred. Sådan vil han med skidt støde os ud af dette liv, for at han kan bringe os til at fortvivle, blive uvillige og uberedte til døden. Ved sådan frygt og bekymring vil han ligesom bringe os ind i tågen, for at vi skal glemme og miste Kristus, vort lys og vort liv. Og for at vi skal lade næsten ligge i sin nød og forsynde os imod Gud og mennesker. Det er hans hjertens lyst. Fordi vi da véd, at sådan skræk og frygt er Djævelens spil, så skal vi så meget mindre bekymre os om dette, men ham til trods og forargelse fatte mod, vise og drive skrækken tilbage på ham selv og væbne os med en sådan rustning, at vi sige: Vig bort med din skræk, Satan, og siden det ærgrer dig, så vil jeg, dig til trods, desto før gå til min syge næste for at hjælpe ham. Jeg vil ikke se på dig, men ærgre dig med disse to ting: Den første er, at jeg forvist ved, at denne gerning behager Gud og hans hellige engle, og at jeg går efter hans vilje og i en ret gudstjeneste og lydighed, når jeg gør det. Og især fordi det behager dig så dårligt, og du sætter dig så hårdt imod det, derfor må det vist og sandt behage Gud. Hvor glad og villig ville jeg ikke gøre det, om det blot behagede en engel, der så mig og med mig glædede sig derover. Men siden det nu behager den herre Kristus og hele den himmelske hærskare og er Guds og min faders vilje og bud, hvorfor skulle da skrækken for dig bevæge mig til at forhindre en sådan glæde i himmelen og nægte min herre en sådan lyst og lade dig med dine djævle i Helvede le og spotte over mig? Nej ikke sådan, det skal du ikke opnå. Har Kristus udgydt sit blod for mig og givet sig i døden for min skyld, hvorfor skulle jeg så ikke for hans skyld give mig i en ringe fare og vove at se på en afmægtig epidemi?

Kan du forskrække, så kan min Kristus styrke. Kan du dræbe, så kan Kristus give liv. Har du gift i munden. Kristus kar endnu meget mere lægedom. Skulle min kære Kristus med sin befaling, med sin velgerning og al trøst ikke gælde mere i min ånd end du lede djævel med din falske skræk i mit svage kød? Gud lade det aldrig ske! Vig bort fra mig, Satan. Her er Kristus, og jeg er hans tjener i denne gerning. Han skal herske, amen".

Den anden trøst er *Guds stærke forjættelse*, hvormed han trøster alle dem, som antager sig de nødlidende. Det hedder i Salme 41, 2-4: "Lykkelig den, der har omsorg for den svage, på ulykkens dag redder Herren ham. Herren beskytter ham og giver ham liv, han prises lykkelig i landet. Giv ham ikke i hans fjenders vold! Herren støtter ham på sygelejet, hver gang han ligger syg, gør du ham rask." Er ikke det herlige, mægtige Guds forjættelser, udøste i en bunke over dem, som antager sig den trængende? Hvad skulle vel forskrække og bevæge en imod sådan stor Guds trøst? I sandhed, den tjeneste, vi kan gøre imod den trængende, er en ringe ting mod sådan gengældelse og forjættelse af Gud. Som Paulus siger til Timotheus: "Gudsfrygten er nyttig til alt og har i sig løfte både for dette liv og for det, som kommer." (1 Tim 4, 8). Gudsfrygt er intet andet end gudstjeneste, og gudstjeneste er visselig det, at man tjener næsten.

Erfaringen viser også, at de, som med kærlighed, andagt og alvor tjene sådanne syge, sædvanligvis blive bevaret. Og selv om de bliver forgiftet, skader det dem dog ikke. Som salmisten her siger: "Hver gang han ligger syg, gør du ham rask." Gud gør hans sygeseng og smertens leje til et sundt leje.

Men når en af gerrighed og for arvens skyld plejer en syg og ved sådan gerning søger sit eget, da er det ikke underligt, om han til sidst bliver forgiftet og besmittet, så at han også må dø og fare herfra, før han får godset og arven. Men den, som gør dette på det trøsterige løfte, har her atter en stor trøst, idet han igen skal plejes. Også selv om man tager en passende løn for det, som der jo også er behov for. En arbejder er nemlig sin løn værd. Gud selv vil være hans plejer og dertil også hans læge. O, hvilken plejer er det ikke! O, hvilken læge han er! Kære, hvad er alle læger, apotekere og plejere imod Gud? Skulle ikke det give en mod til at gå til de syge og tjene dem, selv om de havde så meget udslæt og smitsomme sygdomme, som der er hår på hele kroppen, og selv om man end skulle få hundrede slags sygdomme på sin hals.

Hvad er alle epidemier og alle djævle imod Gud, som her forbinder og forpligter sig til at være plejer og læge? Fy dig, og atter fy dig, du lede vantro, du, som kan foragte sådan rig trøst og lade en lille kirtel og uvis fare skræmme dig mere, end sådan guddommeligt, sikkert, trofast løfte skulle styrke dig. Hvad hjalp det, om alle læger var til stede, og hele verden måtte pleje dig, når Gud ikke var til stede? Og omvendt, hvad skadede det, om hele verden løb fra dig, og ingen læge ville blive hos dig, når Gud blev hos dig med sådan løfte? Tror du ikke, at du da er omgivet af mange tusinde engle, som ser dig, så at du kan træde epidemierne under dine fødder? Som det hedder i Salme 91, 11-13: "Han vil give sine engle befaling om at beskytte dig på alle dine veje. De skal bære dig på hænder, så du ikke støder din fod på nogen sten. Du kan træde på løve og slange, trampe på ungløve og øgle."

Derfor, kære venner, lad os ikke være så forsagte og ikke forlade vore egne, som vi er knyttet til, og så skammeligt flygte for Djævelens skræk, hvorover han har sin glæde og spot, og Gud samt alle engle mishag og sorg. For det skal også fra den anden side vise sig at være sandt, at den, som foragter et sådan rigt løfte og Guds bud og forlader sine i nøden, skal være skyldig i alle Guds bud og blive anset som en morder mod sin næste. Og da er jeg bange for, at et sådant løfte bliver omvendt og forvandlet til grusom pinsel. Salmen vil da blive udlagt sådan imod dem: ”Ulykkelig den, der ikke har omsorg for den svage, på ulykkens dag redder Herren ham ikke. Herren beskytter ham ikke og giver ham ikke liv, han prises ikke lykkelig i landet. Giv ham i hans fjenders vold! Herren støtter ham ikke på sygelejet, når han ligger syg, gør du ham aldrig rask.” For med det mål, I måler, skal I igen få tilmålt. Det kan ikke være anderledes. Men dette er skrækkeligt at høre, endnu skrækkeligere at vente og allermest skrækkelig at erfare. For hvor Gud tager sin hånd bort og forlader en, hvad kan der da være andet end idel djævle og alt ondt? Men nu kan det ikke være anderledes, hvor man forlader næsten imod Guds ord og bud. Og det vil visselig gå enhver sådan, hvis man ikke gør redelig bod.

Men det ved jeg vel, hvis Kristus selv eller hans moder nu lå syg, da ville enhver være så andægtig, at han gerne ville være tjener og hjælper. Da ville enhver være dristig og frimodig. Ingen ville flygte, men alle løbe til. Og dog hører de ikke, hvad han selv siger: ”Alt, hvad I har gjort mod en af disse mine mindste brødre, det har I gjort mod mig." (Matt 25, 40). Og om det første bud siger han: "Der er et andet, som står lige med det: Du skal elske din næste som dig selv." (Matt 22, 39). Her hører du, at budet om kærligheden til næsten står lige med det første bud om kærligheden til Gud, og hvad du gør eller undlader mod din næste, skal regnes, som om du havde gjort og undladt det mod Gud.

Vil du nu tjene og pleje Kristus selv, velan, så har du her din syge næste for dig. Gå hen til ham og tjen ham, så finder du visselig Kristus i ham, ikke personlig, men ifølge hans ord. Men vil du ikke, og gider du ikke tjene din næste, så tro for vist, at du, hvis Kristus selv var der, gjorde ligesådan mod ham og lod ham ligge. Det er intet andet end idel falske tanker, som du gør dig en uvirksom indbildning om, hvordan du ville tjene Kristus, når han var der. Det er idel løgn. For den, som legemligt vil tjene Kristus, han tjener bestemt også sin næste. Dette være sagt til formaning og trøst imod den skændige flugt og skræk, hvormed Djævelen anfægter os til at handle mod Guds ord og bud imod vor næste og synde alt for meget på venstre side.

Overmodig foragt for medicin

Nogle synder igen for meget på højre side og er alt for dristige og frimodige, så at de frister Gud og forsømmer alt, hvormed de skulle kunne hindre sygdommen eller epidemierne. De *foragter brugen af lægemidler* og undgår ikke de steder, hvor de smitsomme sygdomme er opstået, eller de personer, som har haft dem. De drikker og spiller med dem og vil dermed bevise deres frimodighed og siger: Det er en Guds straf. Vil han beskytte os, så gør han det nok også uden al medicin og vore forholdsregler. Men det er ikke at forlade sig på Gud, men at friste Gud. *For Gud har skabt medicinen og givet os forstand til at forstå kroppen og pleje den, så at den kan være sund og frisk.*

Den, som ikke bruger det, når han har det og godt kan gøre det uden skade for sin næste, han ødelægger selv sit eget legeme og skal se vel til, at han ikke bliver sin egen selvmorder for Gud. For på den måde kunne man også lade være at bruge mad og drikke, klæder og hus og være frimodig i troen og sige: Vil Gud bevare mig for hungersnød og frost, så vil han nok kunne gøre det uden føde og klæder. Men en sådan person ville helt sikkert være sin egen morder. Og endnu grueligere er det, når man sådan vanrøgter sit eget legeme og ikke hjælper til at hindre epidemier, så meget man kan. Derved kan også mange andre smittes og forgiftes, som ellers ville have levet, hvis man havde plejet legeme, som man burde. Man ville da også blive skyld i sin næstes død og for Gud være en mangedobbelt morder. Sandelig, sådanne folk handle netop ligesådan, som når et hus brændte i byen, og ingen ville redde det, men lade ilden få rum, så at hele byen brændte op, og de da ville sige: Vil Gud gøre det, så kan han nok slukke og redde byen uden vand.

Nej, min kære ven, det er ikke smukt gjort. Brug medicinen. Tag det, der kan hjælpe dig. Rens hus, gård og gader. Undgå også personer og steder, hvor næsten ikke behøver dig, eller hvor sygdommen florerer. Og bær dig ad som en, der ville hjælpe med at dæmpe en almindelig ildebrand. For hvad er smitsomme sygdomme andet end en ild, som ikke opæder træ og strå, men legemer og liv? Og tænkt sådan: Velan, fjenden har med Guds tilladelse sendt os gift og dødelig smitte; så vil jeg da bede Gud, at han vil være og blive os nådig. Derefter vil jeg hjælpe at rense luften. Give og tage imod lægedom. Undgå steder og personer, hvor man ikke behøver mig, for at jeg ikke skal fordærve mig selv, og dertil måske mange andre ved mig blive forgiftet og smittet, så jeg ved min skødesløshed bliver årsag til deres død. Vil Gud ramme mig, skal han nok finde mig. Jeg har dog gjort, hvad der stod til mig at gøre, og er ikke skyld hverken i min egen eller andre folks død. Men hvor min næste behøver mig, vil jeg hverken undgå sted eller person, men frimodigt gå hen til ham og hjælpe ham, som ovenfor er sagt. Se, det er en ret, gudfrygtig tro, som ikke er dumdristig eller overmodig og ikke frister Gud.

På den anden side skal den, som har haft smitten og er kommet til kræfter igen, også selv undgå folk og ikke uden grund have dem hos sig. For skønt man, som sagt, skal stå ham bi i nøden og ikke forlade ham, så skal han også, når han er kommet ud af nøden, forholde sig sådan mod andre, at ingen for hans skyld uden grund kommer i fare og bliver årsag til en andens død. For den, som elsker fare, skal omkomme deri (siger den vise mand). Når man forholdt sig sådan i en by, at man var frimodig i troen, når næstens nød fordrede det, og derimod forsigtig, hvor der ikke var nød, og enhver således hjalp til at hindre giften, så godt man kunne, så skulle der visselig blive en mild sygdom i en sådan by. Men når det går sådan til, at en del er alt for forsagt og flygter fra sin næste i nøden, og den anden del alt for dumdristig og ikke hjælper til at hindre, men til at forøge plagen, der har Djævelen god anledning, og der må dødeligheden blive større. For på begge måder bliver både Gud og mennesker højt fortørnede, her med fristelse, hist med forsagthed. Djævelen jager da den, som flygter, og beholder alligevel den, som bliver igen, så at ingen slipper fra ham.

Dertil kommer at nogle er endnu værre. De går ud blandt folk, når de hemmeligt har en smitsom sygdom og har den tro, at hvis de kan forgifte og smitte andre folk, så vil de selv blive frie for den og blive raske. De går altså rundt på gaden og i husene i den tanke, at de ville hænge plagen på andre eller på sine børn og sine kolleger og dermed redde sig selv. Og jeg vil godt tro, Djævelen gør sådant og hjælper til at drive hjulet, at det går og sker sådan.

Jeg har også ladet mig fortælle, at enkelte er så forfærdelig onde, at de blot derfor løber med smitte ud blandt folk eller ind i husene, fordi det gør dem ondt, at den ikke også er der, og de ville bringe den derhen, som om sagen var en sådan spøg, som når nogen for at drille slipper lus løs i pelsen eller fluer ind i stuen. Jeg véd ikke, om jeg skal tro det. Er det sandt, så véd jeg ikke, om vi tyskere er mennesker eller virkelige djævle. Og det er sikkert, at man finder over al måde grove og onde folk, og Djævelen er heller ikke passiv.

Men hvis man fandt sådanne folk, så skulle dette være mit råd, at dommeren tog dem i nakken og overleverede dem til bødlen som rette, forsætlige mordere og slyngler. Hvad er sådanne folk andet end rigtige snigmordere i byen? Ligesom snigmorderne snart her, snart dér støde kniven i en, og alligevel skal ingen have gjort det, sådan besmitte også disse her et barn, dér en kone, og ingen skal have gjort det. Og dog går de leende rundt, som om de havde gjort noget godt. På denne måde var det bedre at bo hos

de vilde dyr end hos sådanne mordere. For disse
mordere hjælper det ikke at prædike. De agter det
ikke. Jeg overlader det til øvrigheden, at den ser til
og bringer hjælp og råd, ikke ved lægen, men ved
bødlen.

Har Gud nu selv i Det Gamle Testamente befalet,
at de spedalske (3 Mos 13 og 14) skal bringes bort
fra menigheden og bo uden for byen for at undgå
smitte, så skal vi meget mere gøre det ved denne far-
lige smitte. Når nogen får den, skal vedkommende
straks gå bort fra folk eller lade andre bringe sig bort
og straks søge hjælp ved medicin. Dernæst skal man
hjælpe den syge og ikke lade vedkommende ligge i
sådan nød, som jeg ovenfor udførligt har vist, for at
smitten således i tide kan dæmpes. Ikke blot hos den
ene person, men hele befolkningen til bedste, som
derved kunne smittes, hvis man lod den syge blive
og færdes blandt andre. For nu er vor epidemi her i
Wittenberg kommet ud blandt folk alene ved sådan
smitte. Luften er, Gud ske lov, endnu frisk og ren.
Men af idel dumdristighed og forsømmelse har
nogle smittet enkelte personer. Men Djævelen har

sin fryd over den skræk og frygt, som han virker iblandt os. Gud hindre ham deri, amen.

Kirkelig omsorg ved sygdom og død

Dette er vor opfattelse og mening om at flygte for døden. Hvis I har en anden opfattelse, måtte da Gud åbenbare jer det, amen. Men da dette brev skal udgå i trykken, for at også vore kan læse det, så anser jeg det for godt at tilføje en kort bemærkning om, hvordan man også skal skikke og forholde sig med hensyn til *sjælen* i disse tider med epidemier. Det har vi også mundtlig gjort fra prædikestolen og gør dagligt, for at vi, som er kaldet til sjælesørgere, kan gøre vort embede fyldest.

Først skal man formane folk til, at de går i kirke og høre prædikenen, for at de af Guds ord kan lære, hvordan de skal leve og dø. For her skal man give agt på dem, som er så rå og bedærvede, at de foragter Guds ord, mens de lever. Dem skal man siden også lade ligge i deres sygdom, indtil de med stort alvor, med gråd og klage, beviser deres anger og bod. For den, som har levet som en hedning og hund og ikke vist nogen offentlig anger, skal vi *ikke række nadveren eller regne blandt de kristnes tal*. Han må dø, som han har levet, og sørge for sig selv. Vi skal ikke kaste perler for svinene eller det hellige for hundene. Man finder desværre så mange grove, for-stokkede folk, som hverken i liv eller død sørger for deres sjæl, men går hen og lægger sig og dør ligesom træklodser, hvor der hverken er forstand eller tanke.

For det andet, for at enhver i tide kan skikke sig selv og berede sig til døden, skal man én gang hver ottende eller fjortende dag gå til skrifte og nadver, forsone sig med sin næste og gøre sit testamente. Hvis Herren banker på og man overiles, før præsten kan komme, har man så alligevel sørget for sin sjæl og ikke forsømt dette, men befalet sig til Gud. For det er ikke muligt, hvor der er stor dødelighed og kun to eller tre sjælesørgere, at de kan besøge alle og først da fortælle og lære enhver alle ting, som et kristenmenneske skal vide i dødsnøden. Men de, som heri er ligeglade og forsømmelige, må gøre regnskab for sig selv, og det må være deres egen skyld, at man ikke ved enhver seng kan have en dag-lig, særskilt prædikestol og alter. De har foragtet den offentlige prædikestol og alter, hvortil Gud har fordret og kaldt dem.

For det tredje. Hvis man nu ønsker præsten eller sjælesørgeren, så skal man hente dem eller lade den syge sige til i tide og i begyndelsen, før sygdommen tager overhånd, og mens der enden er sands og samling tilbage. Dette siger jeg, fordi enkelte er så forsømmelige heri, at de ikke tilkalder præsten og siger til, før sjælen sidder på tungen og de ikke mere kan tale og kun har lidt fornuft igen. Da beder man: Kære herre, sig ham noget trøsterigt, osv. Men før, når sygdommen begynder, ønsker de ikke, at man kommer til dem. Da siger man: O, det har ingen nød, jeg håber, jeg skal blive bedre. Hvad skal en from præst gøre med sådanne folk, som hverken sørger for legeme eller sjæl? Lad dem leve og dø som kvæget. De ønsker, at man i sidste øjeblik skal forkynde dem evangeliet og række dem nadveren, som de var vant til under pavedømmet, da ingen spurgte, om de troede eller kendte evangeliet, men man proppede nadveren i halsen på dem som i en brødpose.

Nej, de personer, som ikke kan tale eller give tegn og dermed *tilkendegive, om de tror*, forstår og

begærer evangeliet og nadveren - især dem, der med
vilje har forsømt nadveren - dem vil vi slet ikke
række nadveren. Det er nemlig ikke befalet os at
række nadveren til de vantro, men til de troende,
som kan sige og bekende deres tro. De andre kan
fare bort, som de tror. Vi er uskyldige, fordi det ikke
har manglet hverken på prædiken, undervisning,
formaning, trøst, besøg eller noget i vort embede el-
ler tjeneste. Dette er kort den undervisning, som
øves hos os, men ikke skrevet for jer i Breslau. For
Kristus er hos jer, og han vil nok uden vor hjælp ved
sin salvelse rigeligt lære jer alt, hvad I behøver. Ham
være lov og ære, tilligemed Gud Fader og Helligån-
den i evighed. Amen.

Begravelse og gravsted

Men siden vi er kommet ind på denne sag, nemlig at
tale om døden, så kan jeg ikke undlade at tale lidt
også om begravelsen. For det første overlader jeg til
dem, som er doktorer i lægekunsten, og til alle dem,
som har bedre erfaring, at bedømme, om det er far-
ligt at have en kirkegård midt i byen? For jeg véd og
forstår mig ikke på det, om der stiger luft eller damp

op af gravene og fordærver luften. Men hvis det forholder sig sådan, så har man af nævnte advarsel årsag nok til at lægge kirkegården uden for byen. For som vi har hørt, er vi alle forpligtet til at hindre smitten, så godt vi kan, fordi Gud har bedt os om at pleje vort legeme. Vi skal skåne og bevare det, hvis han ikke skaber en nødsituation. Ligesådan skal vi også frimodigt vove og sætte det i fare, hvor nøden kræver det, så at vi efter hans vilje er beredt både til at leve og dø. For ingen lever for sig selv, og ingen dør for sig selv, siger Paulus i Rom 14, 7.

Det véd jeg også, at det har været skik blandt de gamle, både blandt jøder og hedninger, blandt hellige og syndere, at have begravelsen uden for byen. Og de har jo været lige så kloge, som vi kunne være. For dette viser også Lukasevangeliet, at Kristus opvakte enkens søn fra Nain fra de døde i byens port. Teksten siger: "Da Kristus nærmede sig byporten, se, da blev der båret en død ud, som var sin mors eneste søn, og hun var enke; og en stor skare fra byen fulgte med hende." (Luk 7, 12). Så det har visselig dengang været landets skik at have begravelse uden for byen.

Også Kristi grav var beredt uden for byen (Joh 19, 41.). Ligesådan købte Abraham sin gravplads i hulen ved Efrons mark, hvor alle patriarkerne lod sig begrave (1 Mos 23). Derfor hedder det også på latin "efferri", dvs., "at bæres ud". Det er det, vi kalder at bære ud til graven. For de bar ikke blot deres døde ud, men *brændte* dem også til støv, for at luften kunne bevares ren.

Derfor skal også mit råd være, at man efter disse eksempler har gravpladsen uden for byen. Og hvis vi her i Wittenberg havde en kirkegård, skulle ikke alene nøden, men også andagt og ærbarhed drive os til at berede en fælles gravplads uden for byen. For en gravplads skal jo med rette være et smukt, stille sted, som er afsondret fra alle andre steder, og hvor man kan gå og stå med andagt, bede og betragte døden, den yderste dag og opstandelsen. Dette sted skulle være ligesom et højtideligt, ja næsten helligt sted, hvor man kunne være med frygt og ærbødighed, fordi mange hellige uden tvivl ligger her. Og man kunne rundt omkring på væggene male andægtige billeder og figurer.

Men vores kirkegård, hvad er den? Den er fire eller fem stier og to eller tre pladser, så at der i hele byen ikke er noget sted så travlt eller uroligt som kirkegården. Her løber der dagligt, ja nat og dag, mennesker og dyr, og enhver har fra sit hus en port og sti derhen. Og der foregår alle slags ting, måske også noget, som man ikke kan nævne. Derved bliver andagten og ærefrygten for begravelsesstedet fuldstændig tilintetgjort. Ingen giver agt på det som andet end et sted, man løber hen over, hvor ådsler kastes hen. Selv ikke tyrken holder stedet så usømmeligt som vi. Og man skulle dog her hente idel andagt, tænke på død og opstandelse og tage hensyn til de hellige, som ligger der. Men hvordan kan man gøre det på et sted, hvor enhver løber igennem, og hvor døren står åben for enhver. Hvis man ønsker andagt ved begravelsen, ville jeg hellere ligge i Elben eller i skoven? Men hvis gravstedet lå på et afsondret, stille sted, hvor ingen løb omkring eller igennem, så kunne det være helt åndeligt, ærbart og helligt at se på. Det kunne også sættes i sådan stand, at det tilskyndede de besøgende til andagt. Det skal være mit råd. Den, som vil gøre det, kan gøre det. Den, som véd det bedre, han komme frem med det. Jeg er ingens herre.

Men til sidst formaner og beder vi jer for Kristi skyld, at I alle sammen hjælper os at kæmpe med bøn til Gud og med undervisning imod *Satans virkelige, åndelige epidemier*, hvormed han forgifter og besmitter verden. Det sker især ved nadversværmerne, skønt også mange andre sekter opstår ved siden af dem. For Satan er vred og føler måske, at Kristi dag er forestående. Derfor raser han så grueligt og vil tage frelseren Jesus Kristus fra os ved sin åndelighed. Under pavedømmet var han ene kød, så at endog munkehætter skulle være hellige. Nu vil han være ene ånd, så at også Kristi legeme og Ord skal være intet.

De har for længe siden svaret på min lille bog, men det undrer mig, at svaret indtil denne dag ikke er kommet til Wittenberg. Jeg vil, hvis Gud giver mig nåde, endnu svare derpå, og siden lade dem fare. Jeg ser, de blot bliver værre ved det og er ligesom en væggelus, som af sig selv lugter ilde, men jo mere man gnider den, desto værre lugter den. Jeg håber, at den, som står til at redde, har nok i min bog.

Gud ske lov! Mange er derved revet ud af deres gab, og mange flere er bestyrket og befæstet i sandheden. Kristus, vor Herre og frelser, bevare jer og os alle ubesmittet og ustraffelige i ren tro og uskrømtet kærlighed indtil sin dag. Amen. Bed for mig arme synder.

Den Store Lutherserie

1. Bjergprædikenen
2. De Lutherske Bekendelsesskrifter
3. De overåndelige
4. Den hellige Dåb
5. Den Lille Katekismus
6. Den sande og falske kirke
7. Den Store Katekismus
8. Den uforandrede Augsburgske Bekendelse - kommenteret
9. Dåbens teologi
10. En enkel måde at bede på
11. Festpostillen
12. Fortalerne til Bibelen
13. Første Mosebog bind 1
14. Første Mosebog bind 2
15. Første Mosebog bind 3
16. Første Mosebog bind 4
17. Gud vil alles frelse
18. Huspostillen
19. Hvordan man skal forholde sig ved epidemier
20. Johannes 1
21. Johannes 17 – Kristi Bøn
22. Kirkepostillen - Sommerdelen
23. Kirkepostillen -Vinterdelen
24. Kristi nadverord står fast
25. Luther-Leksikon
26. Nådens Nøgler
27. Om forkyndertjenesten

28. Opstandelsen

29. Peters Første Brev

30. Privatmesser og præstevielse

31. Salme 51

32. Sandhed til Gudfrygtighed

33. Sang og Musik

34. Teologiens Grundbegreber

35. Troen Alene

36. Udvalgte Breve

37. Vejledning for menighederne

Bøgerne kan med fordel købes hos Lohse.dk, som også sender bøgerne så billigt som muligt. Portofrit ved køb over 499 kr.

Yderligere spørgsmål besvares gerne:
finnbandersen@msn.com
Se verdens største lutherside: lutherdansk.dk